大方廣佛華嚴經 寫經

38

🪷 일러두기

1. 『사경본 한글역 대방광불화엄경』은 『독송본 한문·한글역 대방광불화엄경』에 수록된 한글역을 사경하는 데 편의를 도모하기 위해 편집을 달리하여 간행한 것이다.

2. 『독송본 한문·한글역 대방광불화엄경』은 실차난타가 한역(695~699)한 80권 『대방광불화엄경』의 한문 원문과 한글역을 함께 수록한 것이다. 한문 저본은 고종 2년(1865) 월정사에서 인경한 고려대장경 『대방광불화엄경』이다.

3. 한글 번역은 동국역경원에서 발간한 한글 『대방광불화엄경』(운허)을 중심으로 하고 『신화엄경합론』(탄허)과 『대방광불화엄경 강설』(여천무비) 그리고 최근의 여타 번역본 등을 참조하였다.

4. 한글 번역은 독송과 사경을 위하여 정확성과 아울러 가독성을 고려하였다. 극존칭은 부처님과 불경계에 대해서만 사용하였다.

5. 사경본의 차례는 일러두기 → 한글역 본문 → 화엄경 목차 → 간행사이며 80권 『대방광불화엄경』의 권별 목차 순으로 독송본과 함께 간행한다. (법공양판에는 간행사 다음에 간행불사 동참자를 밝혀두었다.)

사경본 한글역
대방광불화엄경 제38권

26. 십지품 [5]

수미해주

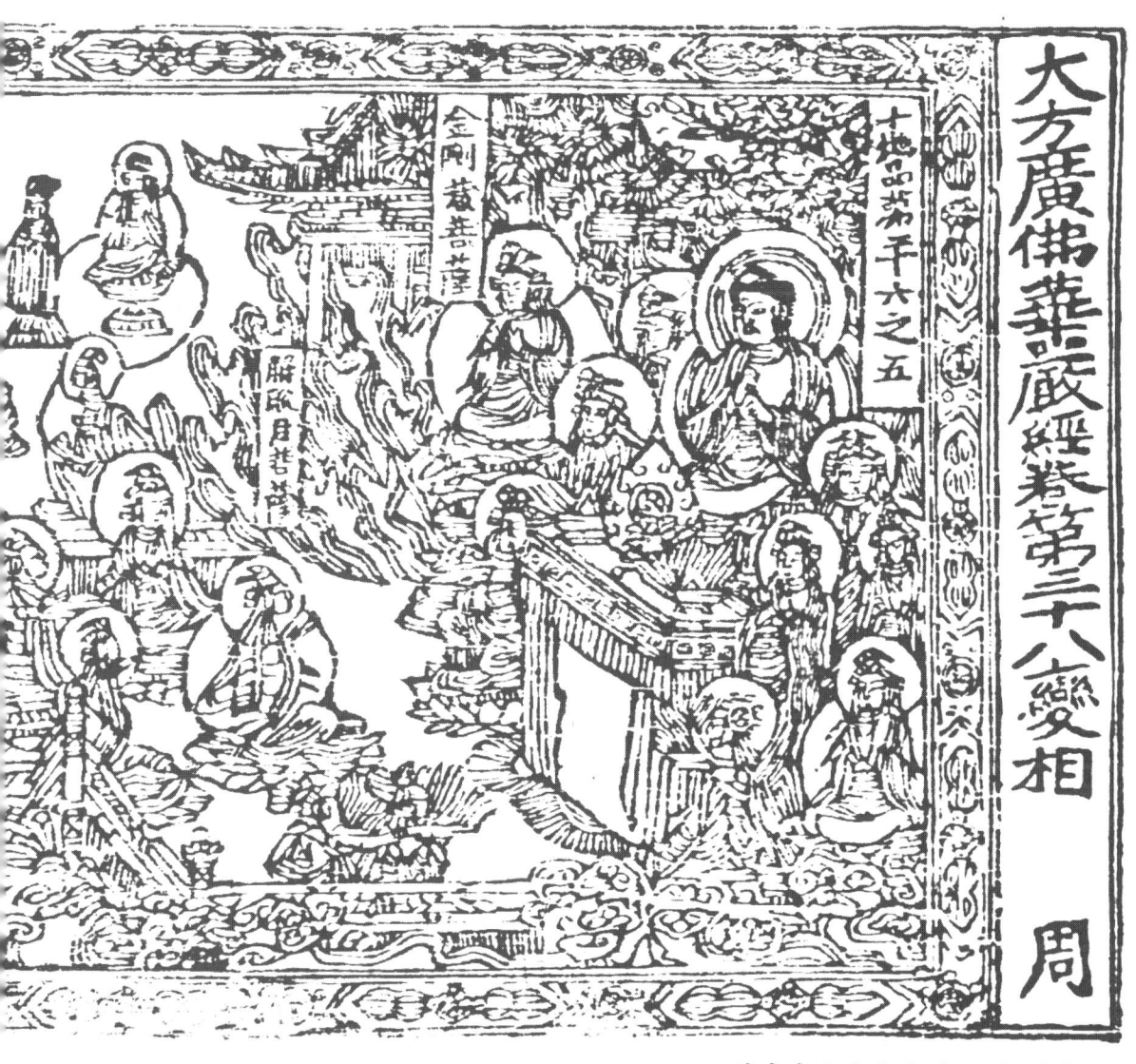

대방광불화엄경 제38권 변상도

대방광불화엄경
제38권

26. 십지품 [5]

_____ 은(는) 『대방광불화엄경』을
사경하는 인연공덕으로
『화엄경』이 널리 유통되고
우리 모두 다함께 보리 이루기를 발원하옵니다.

대방광불화엄경

제38권

26. 십지품 [5]

이때에 천왕과
천신 대중들이
이 수승한 행을 듣고
모두 환희하며
여래와
무수히 많은 큰보살들께

공양올리려
하여

미묘한 꽃과 깃발과
깃대와 일산과
향과 화만과 영락과
보배 옷의
한량없고 가없는
천만 가지를 비내리니
모두 마니로
장식하였다.

천녀들은 동시에
하늘 음악을 연주하여
갖가지 미묘한 음성을
널리 내어서
부처님과 불자들에게
공양올리며
함께 이 말을 하여
찬탄하였다.

"일체를 보시는 분,
양족존께서
중생을 불쌍히 여겨

위신력을 나타내시어

이 갖가지 모든

하늘 음악으로 하여금

미묘한 소리를 널리 내어

다 듣게 하시도다.

한 털끝에서

백천억

나유타 국토

미세한 티끌 수의

이러한 한량없는

모든 여래께서

그 가운데 편안히 머물러
미묘한 법을 설하시도다.

한 모공 안의
한량없는 세계에
각각 사주와
큰 바다가 있고
수미산과 철위산도
또한 다시 그러하여
그 안에 있어도
비좁지 않음을 다 보도다.

한 털끝에
여섯 갈래가 있으니
세 가지 나쁜 갈래와
인간과 천상과
모든 용들과 신중과
아수라가
각각 자신의 업을 따라
과보를 받도다.

저 일체
국토 가운데에
다 여래께서 계셔서

미묘한 음성을 펴시어
일체 중생의
마음을 따라
가장 높고 청정한
법륜을 굴리시도다.

세계 안에
갖가지 중생 몸 있고
몸 안에 다시
갖가지 세계가 있어
인간과 천상과
여러 갈래 각각 다른데

부처님께서 다 아시고
법을 설하시도다.

큰 세계가 생각을 따라
변하여 작게 되고
작은 세계가 생각을 따라
또한 크게 변하니
이와 같은 신통이
한량이 없어
세간이 함께 말해도
다할 수 없도다."

이러한 미묘한 음성을
널리 내어서
여래의 공덕을
찬탄하고는
모인 대중들이 환희하며
잠자코 머물러
일심으로 우러르며
설법을 듣고자 하였다.

그때에 해탈월이
다시 청하여 말씀드렸다.
"지금 여기 모인 대중들이

모두 적정하니
원컨대 다음에
들어갈 바를 따라
제8지의
모든 행상을 설하소서."

이때에 금강장 보살이 해탈월 보살에게 말씀하였다.

"불자여, 보살마하살이 제7지에서 방편 지혜를 잘 닦아 익히며, 모든 도를 잘 청정하게 하며, 도를 돕는 법을 잘 모은다.

　큰 원력으로 포섭한 바이며, 여래의 힘으로 가피한 바이며, 자기 선근의 힘으로 유지한 바이며, 여래의 힘과 두려울 바 없음과 함께 하지 않는 부처님의 법을 항상 생각한다.

　깊은 마음으로 생각함을 잘 청정케 하며, 능히 복덕과 지혜를 성취하며, 대자대비로 중생을 버리지 않으며, 한량없는 지혜의 도에 들어간다.

　　일체 법의 본래 생겨남도 없고 일어

남도 없고 모양도 없고 이름도 없고 무너짐도 없고 다함도 없고 옮아감도 없으며, 성품 없음으로 성품을 삼으며, 처음과 중간과 나중이 모두 다 평등하며, 분별이 없는 여여한 지혜로 들어갈 곳에 들어간다.

 일체 마음과 뜻과 식으로 분별하는 생각을 여의어 집착하는 바가 없음이 허공과 같으며, 일체 법의 허공과 같은 성품에 들어간다. 이것을 이름하여 무생법인을 얻었다고 한다.

불자여, 보살이 이 법인을 성취하면 즉시 제8 부동지에 들어가서 깊이 행하는 보살이 되니, 알기 어려우며, 차별이 없으며, 일체 모양과 일체 생각과 일체 집착을 여의며, 한량없고 가없으며, 일체 성문과 벽지불이 미칠 수 없는 바이며, 모든 시끄러움을 여의어서 적멸이 앞에 나타난다.

비유하면 비구가 신통을 구족하고 마음이 자재하게 되어 차례로 내지 멸진정에 들어가면 일체 흔들리는 마음과 기억하는 분별이 모두 다 멈

추어 쉬는 것과 같다.

　이 보살마하살도 또한 다시 이와 같아서 부동지에 머무르면 곧 일체 공들여 작용하는 행을 버리고 공들여 작용함이 없는 법을 얻어서 몸과 입과 뜻의 업의 생각과 일이 모두 쉬어서 과보의 행에 머무른다.

　비유하면 어떤 사람이 꿈에 몸이 큰 강에 빠져 있는 것을 보고 건너가고자 하는 까닭으로 큰 용맹을 내어 큰 방편을 베풀고, 큰 용맹으로 방편을 베푼 까닭으로 곧바로 깨게 되니,

이미 꿈을 깨고는 하던 일을 모두 쉬는 것과 같다.

보살도 또한 그러하여 중생의 몸이 네 가지 폭류에 있음을 보고 제도하기 위한 까닭으로 큰 용맹을 내어 큰 정진을 일으키고, 용맹으로 정진한 까닭으로 부동지에 이르니, 이미 여기에 이르고는 일체 공들여 작용함이 모두 쉬지 않음이 없어서 두 가지 행과 형상 있는 행이 다 앞에 나타나지 않는다.

불자여, 마치 범천 세계에 태어나

면 욕계의 번뇌가 모두 앞에 나타나지 않는 것과 같이, 부동지에 머무르는 것도 또한 다시 이와 같아서 일체 마음과 뜻과 식의 행이 모두 앞에 나타나지 않는다.

이 보살마하살이 보살의 마음과 부처님의 마음과 보리의 마음과 열반의 마음도 오히려 나타내 일으키지 않는데, 하물며 다시 세간의 마음을 일으키겠는가?

불자여, 이 지위의 보살은 본래의 원력인 까닭으로 모든 부처님 세존께서 친히 그 앞에 나타나 여래의 지혜를 주셔서, 그가 법의 흐름의 문에 들어가게 하시고는 이와 같은 말씀을 하셨다.

'훌륭하고 훌륭하도다, 선남자여. 이 법인이 제일이니 모든 부처님의 법을 수순하는 것이다. 그러나 선남자여, 우리가 가지고 있는 열 가지 힘과 두려움 없음과 열여덟 가지 함께 하지 않는 모든 부처님의 법은 그대가 지금 아직 얻지 못하였으니, 그대가 마땅히 이 법을 성취하고자 한다면 부지런히 더 정진하여 이 법인의 문을 다시 놓아버리지 말도록 하라.

또 선남자여, 그대는 비록 이 적멸한 해탈을 얻었지만 그러나 모든 범부들은 아직 능히 증득하지 못하여 갖가지 번뇌가 모두 다 앞에 나타나며, 갖가지 거친 생각과 미세한 생각이 항상 서로 침해하니, 그대는 마땅히 이와 같은 중생들을 불쌍하게 생각하도록 하라.

 또 선남자여, 그대는 마땅히 본래 서원한 바를 기억하고 일체 중생을 널리 크게 이익케 하여 불가사의한 지혜의 문에 들어가게 하라.

 또 선남자여, 이 모든 법과 법의 성품은 부처님께서 세상에 나셨거나 세상에 나지 않으셨거나 항상 머물러 다르지 아니하며, 모든 부처님께서 이 법을 얻으신 까닭으로 여래라고 이름하는 것이 아니니, 일체 이승도 또한 능히 이 분별없는 법을 얻는다.

 또 선남자여, 그대는 우리의 몸의 모양이 한량없음과, 지혜가 한량없음과, 국토가 한량없음과, 방편이 한량없음과, 광명이 한량없음과, 청정한 음성도 또한 한량없음을 관하니, 그대는 이제 마땅히 이 일을 성취하도록 하라.

 또 선남자여, 그대는 이제 마침 이 한 가지 법의 밝음을 얻었으니, 이른바 일체 법의 생겨남이 없고 분별이 없음이다. 선남자여, 여래의 법의 밝음은 한량없이 들어가며, 한량없이 작용하며, 한량없이 굴러가서 내지 백천억 나유타 겁에도 알 수 없으니, 그대는 마땅히 수행하여 이 법을 성취하도록 하라.

또 선남자여, 그대는 시방의 한량없는 국토와 한량없는 중생과 한량없는 법의 갖가지 차별을 관하여, 모두 마땅히 사실대로 그 일을 통달해야 한다.'

불자여, 모든 부처님 세존께서 이

보살에게 이와 같은 등 한량없이 지혜를 일으키는 문을 주시어, 그로 하여금 한량없고 가없는 차별한 지혜의 업을 일으키게 하신다.

불자여, 만약 모든 부처님께서 이 보살에게 지혜를 일으키는 문을 주지 아니하셨으면 그때에 곧 구경 열반에 들어서 일체 중생을 이익케 하는 업을 버렸을 것이다. 모든 부처님께서 이와 같은 등 한량없고 가없이 지혜를 일으키는 문을 주신 까닭으로 한 생각 사이에 내는 지혜의 업에 처음 발심함으로부터 내지 7지의 닦은 바 모든 행으로는 백분의 하나에 미치지 못하고, 내지 백천억 나유타분의 하나에도 미치지 못하며, 이와 같이 아승지분과 가라분과 산수분과 비유분과 우파니사타분의 하나에도 미치지 못한다.

무슨 까닭인가?

불자여, 이 보살이 먼저는 한 몸으로 행을 일으켰으나, 이제 이 지위에 머물러서는 한량없는 몸과 한량없는 음성과 한량없는 지혜와 한량없는 태어남과 한량없는 깨끗한 국토를 얻어서 한량없는 중생들을 교화하며, 한량없는 모든 부처님께 공양 올리며, 한량없는 법문에 들어가며, 한량없는 신통을 갖추며, 한량없는 대중모임 도량의 차별을 가지며, 한량없는 몸과 말과 뜻의 업에 머물러서, 일체 보살의 행을 모으니 움직이지 않는 법으로써 하는 까닭이다.

불자여, 비유하면 배를 타고 큰 바다에 들어가고자 함에, 아직 바다에 이르지 못하여서는 공력을 많이 쓰

지만 만약 바다에 이르러서는 단지 바람을 따라 갈 뿐이고 사람의 힘을 빌리지 아니하니, 큰 바다에 이르러 하루 동안 간 것으로 이르지 못한 것에 비교하면 그 이르지 못하였을 때는 설령 백 년을 지나더라도 또한 미칠 수 없는 것과 같다.

불자여, 보살마하살도 또한 다시 이와 같아서 광대한 선근의 자량을 쌓아 모아 대승의 배를 타고 보살행의 바다에 이르면 한 생각 사이에 공들여 작용함이 없는 지혜로 일체지의 지혜 경계에 들어가니, 본래의 공들여 작용함이 있는 행으로는 한량없는 백천억 나유타 겁을 지나더라도 미칠 수 없다.

불자여, 보살이 이 제8지에 머물러 큰 방편 선교의 지혜로 일으킨 바 공들여 작용함이 없는 깨달음의 지혜로써 일체지의 지혜로 행하는 바 경계를 관찰한다.

이른바 세간의 이루어짐을 관찰하

고 세간이 무너짐을 관찰하되, 이 업이 모인 까닭으로 이루어지고 이 업이 다한 까닭으로 무너짐과, 언제 이루어지고 언제 무너짐과, 얼마 동안 이루어져 머무르고 얼마 동안 무너져 머무름을 모두 사실대로 안다. 또 땅 경계의 작은 모양과 큰 모양과 한량없는 모양과 차별한 모양을 알며, 물과 불과 바람 경계의 작은 모양과 큰 모양과 한량없는 모양과 차별한 모양을 알며, 미세한 티끌의 미세한 모양과 차별한 모양과 한량없이 차별한 모양을 안다.

어떤 세계에 있는 바 미세한 티끌의 무더기와 미세한 티끌의 차별한 모양을 모두 사실대로 안다. 어떤 세계에 있는 바 땅과 물과 불과 바람 경계의 각각 약간의 미세한 티끌과, 있는 바 보물의 약간의 미세한 티끌과, 중생의 몸의 약간의 미세한 티끌과, 국토의 몸의 약간의 미세한 티끌을 모두 사실대로 안다.

중생의 큰 몸과 작은 몸이 각각 약간의 미세한 티끌로 이루어짐을 알며, 지옥의 몸과 축생의 몸과 아귀의 몸과 아수라의 몸과 천신의 몸과 인간의 몸이 각각 약간의 미세한 티끌로 이루어짐을 알아서, 이와 같이 미세한 티끌의 차별을 아는 지혜를 얻는다.

또 욕계와 색계와 무색계의 이루어짐을 알며, 욕계와 색계와 무색계의 무너짐을 알며, 욕계와 색계와 무색계의 작은 모양과 큰 모양과 한량없는 모양과 차별한 모양을 알아서, 이와 같이 삼계의 차별을 관찰하는 지혜를 얻는다.

불자여, 이 보살이 다시 지혜의 광명을 일으켜서 중생을 교화한다. 이른바 중생의 몸의 차별을 잘 알며, 중생의 몸을 잘 분별하며, 태어나는 곳을 잘 관찰하여 그 마땅한 바를 따라서 몸을 나타내어 교화하고 성숙케 한다.

이 보살이 한 삼천대천세계에서 중생의 몸과 믿음과 이해의 차별을 따라 지혜의 광명으로 태어남을 널리 나타내며, 이와 같이 둘·셋 내지 백천과 내지 말할 수 없는 삼천대천세계에서 중생의 몸과 믿음과 이해의 차별을 따라 널리 그 가운데 태어남을 나타내 보인다.

이 보살이 이와 같은 지혜를 성취하는 까닭으로 한 부처님 세계에서 그 몸이 움직이지 아니하고 내지 말할 수 없는 부처님 세계의 대중모임 가운데 다 그 몸을 나타낸다.

불자여, 이 보살이 모든 중생들의 몸과 마음과 믿음과 이해의 갖가지 차별을 따라서 그 부처님 나라의 대중모임 가운데 그 몸을 나타낸다.

이른바 사문 대중 가운데서는 사문의 형상을 보이며, 바라문 대중 가운데서는 바라문의 형상을 보이며, 찰제리 대중 가운데서는 찰제리의 형상을 나타낸다. 이와 같이 비사 대중과, 수타 대중과, 거사 대중과, 사천왕 대중과, 삼십삼천 대중과, 야마천 대중과, 도솔타천 대중과, 화락천 대중과, 타화자재천 대중과, 마군 대중과, 범천 대중과, 내지 아가니타천 대중 가운데서도 각각 그 부류를 따라서 형상을 나타낸다.

또 마땅히 성문의 몸으로 득도할 자에게는 성문의 형상을 나타내며, 마땅히 벽지불의 몸으로 득도할 자에게는 벽지불의 형상을 나타내며, 마땅히 보살의 몸으로 득도할 자에게는 보살의 형상을 나타내며, 마땅히 여래의 몸으로 득도할 자에게는 여래의 형상을 나타낸다.

불자여, 보살이 이와 같이 일체 말할 수 없는 부처님 국토에서 모든 중생들의 믿음과 즐겨함의 차별을 따라서 이와 같고 이와 같이 몸을 나타낸다.

불자여, 이 보살이 일체 몸이라는 생각과 분별을 멀리 여의고 평등에 머무른다.

이 보살이 중생의 몸과 국토의 몸과 업보의 몸과 성문의 몸과 독각의 몸과 보살의 몸과 여래의 몸과 지혜의 몸과 법의 몸과 허공의 몸을 안다.

이 보살이 모든 중생들의 마음에 즐겨하는 바를 알아서, 능히 중생의 몸으로 자기의 몸을 짓고 또한 국토의 몸과 업보의 몸과 내지 허공의 몸을 짓는다.

또 중생들의 마음에 즐겨하는 바를 알아서, 능히 국토의 몸으로 자기의 몸을 짓고 또한 중생의 몸과 업보의 몸과 내지 허공의 몸을 짓는다.

또 모든 중생들의 마음에 즐겨하는 바를 알아서, 능히 업보의 몸으로 자기의 몸을 짓고 또한 중생의 몸과 국토의 몸과 내지 허공의 몸을 짓는다.

또 중생들의 마음에 즐겨하는 바를 알아서, 능히 자기의 몸으로 중생의 몸과 국토의 몸과 내지 허공의 몸을 짓는다.

모든 중생들의 즐겨하는 바가 같지 않음을 따라서 이 몸에 이와 같은 형상을 나타낸다.

이 보살이 중생의 업이 모인 몸과, 과보의 몸과, 번뇌의 몸과, 형상 있는 몸과, 형상 없는 몸을 안다.

또 국토의 몸의 작은 모양과, 큰 모양과, 한량없는 모양과, 더러운 모양과, 깨끗한 모양과, 넓은 모양과, 거꾸로 있는 모양과, 바로 있는 모양과, 널리 들어간 모양과, 방위 그물의 차별한 모양을 안다.

업보의 몸의 거짓 이름이 차별함을 알며, 성문의 몸과 독각의 몸과 보살의 몸의 거짓 이름이 차별함을 안다.

여래의 몸에 보리의 몸과, 서원의 몸과, 변화의 몸과, 힘으로 유지하는 몸과, 상호로 장엄한 몸과, 위엄 있는 세력의 몸과, 뜻대로 나는 몸과, 복덕의 몸과, 법의 몸과, 지혜의 몸이 있음을 안다.

지혜의 몸의 잘 생각하는 모양과, 사실대로 결정하는 모양과, 결과의 행에 거두어지는 모양과, 세간·출세간의 차별한 모양과, 삼승의 차별한 모양과, 함께 하는 모양과, 함께 하지 않는 모양과, 벗어난 모양과, 벗어나지 않은 모양과, 배우는 모양과, 배울 것 없는 모양을 안다.

법의 몸의 평등한 모양과, 무너지지 않는 모양과, 때를 따르고 세속을 따른 거짓 이름이 차별한 모양과, 중생과 중생 아닌 법의 차별한 모양과, 부처님의 법과 거룩한 스님의 법의 차별한 모양을 안다.

허공의 몸의 한량없는 모양과, 널리 두루한 모양과, 형상 없는 모양과, 다름없는 모양과, 가없는 모양과, 색의 몸을 나타내는 모양을 안다.

불자여, 보살이 이와 같은 몸의 지혜를 성취하고는 목숨에 자재하고, 마음에 자재하고, 재물에 자재하고, 업에 자재하고, 태어남에 자재하고, 서원에 자재하고, 이해에 자재하고, 뜻대로 함에 자재하고, 지혜에 자재하고, 법에 자재함을 얻는다.

이 열 가지 자재함을 얻은 까닭으로 부사의한 지혜를 지닌 자·한량없는 지혜를 지닌 자·광대한 지혜를 지닌 자·무너뜨릴 수 없는 지혜를 지닌 자가 된다.

이 보살이 이와 같이 들어가고 이와 같이 성취하고는 끝까지 허물없는 몸의 업과 허물없는 말의 업과 허물없는 뜻의 업을 얻어서 몸과 말과 뜻의 업이 지혜를 따라 행한다.

반야바라밀이 늘어남에 대비로 으뜸을 삼아 방편 선교로 잘 능히 분별하며, 큰 서원을 잘 일으키고, 부처님의 힘으로 보호함이 되며, 중생을 이익되게 하는 지혜를 항상 부지런히 닦아 익히며, 가없는 차별한 세계에 널리 머무른다.

불자여, 중요한 점을 들어 말하면 보살이 이 부동지에 머무름에 몸과 말과 뜻의 업으로 하는 모든 것이 모두 능히 일체 부처님의 법을 쌓아 모은다.

불자여, 보살이 이 지위에 머무르고는 깊은 마음에 잘 머무른 힘을 얻으니 일체 번뇌가 행하지 않는 까닭이며, 수승한 마음에 잘 머무른 힘을 얻으니 도를 여의지 않는 까닭이며, 대비에 잘 머무른 힘을 얻으니 중생을 이익되게 함을 버리지 않는 까닭이며, 대자에 잘 머무른 힘을 얻으니 일체 세간을 구호하는 까닭이며, 다라니에 잘 머무른 힘을 얻으니 법을 잊지 않는 까닭이다.

변재에 잘 머무른 힘을 얻으니 일체 법을 잘 관찰하고 분별하는 까닭이며, 신통에 잘 머무른 힘을 얻으니 가없는 세계에 두루 가는 까닭이며, 큰 서원에 잘 머무른 힘을 얻으니 일체 보살의 짓는 바를 버리지 않는 까닭이며, 바라밀에 잘 머무른 힘을 얻으니 일체 부처님의 법을 성취하는 까닭이며, 여래의 호념하신 힘을 얻으니 일체종과 일체지의 지혜가 현전하는 까닭이다.

이 보살이 이와 같은 지혜의 힘을 얻어 일체 모든 지어야 할 일을 능히 나타내며 모든 일에 허물이 없다.

불자여, 이 보살의 지혜의 지위를 부동지라 이름하니 깨뜨릴 수 없는 까닭이다.

불퇴전지라 이름하니 지혜가 물러남이 없는 까닭이며, 난득지라 이름하니 일체 세간이 헤아릴 수 없는 까닭이다.

동진지라 이름하니 일체 허물을 여읜 까닭이며, 내는 지라 이름하니 따라 즐거워함이 자재한 까닭이다.

이루어진 지라 이름하니 다시 지을 것이 없는 까닭이며, 구경지라 이름하니 지혜가 결정한 까닭이다.

변화하는 지라 이름하니 서원을 따라 성취하는 까닭이며, 힘으로 유지하는 지라 이름하니 다른 이가 움직일 수 없는 까닭이다.

 공들여 작용함이 없는 지라 이름하니 앞서 이미 성취한 까닭이다.

 불자여, 보살이 이와 같은 지혜를 성취하여 부처님의 경계에 들어가며, 부처님의 공덕을 비추며, 부처님의 위의를 따르며, 부처님의 경계가 앞에 나타나며, 항상 여래의 호념하시는 바가 되며, 범천과 제석천과 사천왕과 금강역사가 항상 따라 모시고 호위한다.

　모든 큰 삼매를 항상 버리고 여의지 아니하며, 한량없는 모든 몸의 차별을 능히 나타내며, 낱낱 몸에 큰 세력이 있다.

　과보로 신통을 얻으며, 삼매에 자재하며, 교화할 중생이 있는 곳을 따라서 바른 깨달음 이룸을 보인다.

　불자여, 보살이 이와 같이 대승의 모임에 들어가서 큰 신통을 얻으며, 큰 광명을 놓는다.

　걸림 없는 법계에 들어가며, 세계

의 차별을 알며, 일체 모든 큰 공덕을 나타내 보인다.

뜻대로 자재하며, 과거와 미래를 잘 능히 통달하며, 일체 마군과 삿된 도를 널리 굴복시킨다.

여래께서 행하시는 경계에 깊이 들어가며, 한량없는 국토에서 보살행을 닦아서 퇴전하지 않는 법을 얻는다.

이런 까닭으로 이름하여 부동지에 머무른다고 한다.

불자여, 보살이 이 부동지에 머무르고는 삼매의 힘으로 한량없는 모든 부처님을 항상 친견하여 항상 떠나지 않고 받들어 섬기며 공양올린다.

이 보살이 낱낱 겁과 낱낱 세계에서 한량없는 백 부처님과 한량없는 천 부처님과 내지 한량없는 백천억 나유타 부처님을 친견하고 공경하고 존중하며 받들어 섬기고 공양올리며, 일체 살림을 모두 받들어 보시한다.

모든 부처님 처소에서 여래의 매우 깊은 법장을 얻고, 세계의 차별과 같은 한량없는 법의 광명을 받아서, 혹 세계의 차별을 묻는 이가 있어도 이와 같은 등의 일로 굽힐 수 있는 자가 없다.

이와 같이 한량없는 백 겁과 한량없는 천 겁과 내지 한량없는 백천억 나유타 겁을 지나 있는 바 선근이 점점 더 밝고 깨끗해진다.

비유하면 진금으로 보배 관을 만들어 염부제 주인인 성스러운 왕의 정수리 위에 씌우면 일체 신민의 모든 장엄거리가 더불어 같을 것이 없는 것과 같다.

이 지위의 보살에게 있는 바 선근도 또한 다시 이와 같아서, 일체 이승 내지 제7지 보살에게 있는 바 선근이 미칠 수 없다.

이 지위에 머무르는 큰 지혜의 광명이 중생의 번뇌의 어두움을 널리 없애고 지혜의 문을 잘 능히 활짝 여는 까닭이다.

불자여, 비유하면 마치 일천 세계

의 주인인 대범천왕이 자애로운 마음을 능히 널리 운용하여 광명을 널리 놓아서 일천 세계를 가득 채우는 것과 같다.

이 지위의 보살도 또한 다시 이와 같아서 능히 광명을 놓아 백만 부처님 세계의 미세한 티끌 수의 세계를 비추어 모든 중생들로 하여금 번뇌의 불을 끄고 청량함을 얻게 한다.

이 보살이 열 가지 바라밀 중에는 원바라밀이 더욱 늘어난다. 다른 바라밀을 수행하지 않는 것은 아니나,

다만 힘을 따르고 분한을 따를 뿐이다.

이것이 모든 보살마하살의 제8 부동지를 간략히 설한 것이다. 만약 자세히 설한다면 한량없는 겁을 지나더라도 끝까지 다할 수 없다.

불자여, 보살마하살이 이 지위에 머무름에 많이 대범천왕이 되어 일천 세계를 주관하는 데 가장 수승하고 자재하다.

모든 이치를 잘 설하여 성문과 벽

지불과 모든 보살들에게 바라밀의 도를 일러준다.

만약 세계의 차별을 묻는 이가 있더라도 굽힐 수 없으며, 보시하고 사랑스러운 말을 하고 이익하게 하는 행을 하고 일을 같이 한다.

이와 같이 일체 모든 짓는 바 업이 모두 부처님을 생각함을 여의지 아니하며, 내지 일체종과 일체지의 지혜를 생각함을 여의지 아니한다.

다시 이 생각을 하기를, '내가 마땅히 일체 중생 가운데서 상수가 되며, 수승한 이가 되며, 내지 일체지의 지혜에 의지하는 자가 될 것이다.'라고 한다.

이 보살이 만약 큰 정진의 힘을 일으키면 한 생각 사이에 백만 삼천대천세계의 미세한 티끌 수의 삼매를 얻고, 내지 백만 삼천대천세계의 미세한 티끌 수의 보살로 권속을 삼음을 나타내 보인다.

만약 보살의 수승한 원력으로 자재하게 나타내 보이면 이 수를 넘어서니, 내지 백천억 나유타 겁에도 세어서 알 수 없다."

이때에 금강장 보살이 그 뜻을 거듭 펴려고 게송을 설하여 말씀하였다.

제7지에서
방편 지혜를 닦아 다스려
도를 돕는 큰 원력을
잘 모으고
세존의 거두어 주심을

다시 얻어서
수승한 지혜를 구하기 위하여
제8지에 오르도다.

공덕을 성취하여
항상 자비로우며
지혜가 넓고 크기가
허공과 같도다.
법을 듣고
결정한 힘을 능히 내니
이것이 적멸한
무생법인이로다.

법은 생겨남도 없고
일어난 모양도 없으며
이름도 없고 무너짐도 없고
다함없이 바뀜을 알아
있음을 여의어 평등하고
분별을 끊어
모든 마음의 행을 초월하여
허공같이 머무르도다.

이 법인을 성취하고
희론을 초월하여
매우 깊고 흔들림 없어

항상 적멸하니
일체 세간이
알 수 없으며
마음의 모양으로 집착함도
모두 다 여의도다.

이 지위에 머무르면
분별하지 않으니
비유하면 비구가
멸진정에 들어간 것과 같으며
꿈에 강을 건너도
깨면 없는 것과 같으며

범천에 태어나면
아래의 욕심을 끊은 것과 같도다.

본래의 원력으로
권해지고 인도되니
그 법인의 수승함을
찬탄하고 관정하며
말씀하셨다.
"우리의 온갖 부처님 법을
그대는 지금 얻지 못했으니
응당 열심히 정진하라.

그대는 비록 번뇌의 불을
이미 껐으나
세간에는 미혹의 불꽃이
오히려 치성하니
응당 본래의 서원을 생각해서
중생을 제도하여
모두 인행을 닦아서
해탈로 나아가게 하라.

법의 성품 참되고 항상하여
생각을 여의었으니
이승도 이것을

또한 능히 얻으나
이것으로
세존이 되는 것 아니고
다만 매우 깊고
걸림 없는 지혜뿐이로다."

이와 같이 인천의
공양 받는 분께서
이 지혜를 주어
관찰하게 하시니
가없는 부처님 법을
다 이루어

한 생각에
예전의 온갖 수행을 뛰어넘도다.

보살이
이 미묘한 지혜의 지위에 머물러
곧 광대한
신통의 힘을 얻고서
한 찰나에 몸을 나누어
시방에 두루함이
배가 바다에 들어가
바람을 인해 건너는 것과 같도다.

마음이 공용 없이
지혜의 힘에 맡겨서
국토의 이루어짐과 무너짐과
머무름을 다 알며
모든 세계가 갖가지로
각각 다르며
작고 크고 한량없음을
모두 능히 알도다.

삼천세계의
사대종과
여섯 갈래 중생들의

몸이 각각 다름과
온갖 보배의
미세한 티끌 수를
지혜로써 다 남김없이
관찰하도다.

보살이 일체 몸을
능히 알아서
중생을 교화하기 위하여
그 형상을 같이하며
국토가 한량없어
갖가지로 다르니

다 형상을 나타내어
두루하지 않음이 없도다.

비유하면 해와 달이
허공에 머무르되
일체 물 가운데
모두 영상을 나타내듯이
법계에 머물러
움직이는 바 없지만
마음 따라 영상을 나타냄도
또한 그러하도다.

그 마음의 즐겨함이
각각 같지 않음을 따라
일체 중생 가운데
모두 몸을 나타내니
성문과 독각과
보살과
부처님의 몸을
나타내지 않음이 없도다.

중생과 국토와
업보의 몸과
갖가지 성인과

지혜와 법의 몸과
허공의 몸의 모양이
모두 평등해
널리 중생을 위하여
지어 보이도다.

열 가지를 성스러운 지혜로
널리 관찰하고
다시 자비를 수순하여
온갖 업을 짓도다.
있는 바 부처님 법을
다 성취하여

계를 지녀 흔들림 없음이
수미산과 같도다.

열 가지 힘 성취하여
동요하지 않으니
일체 마군무리도
움직이게 할 수 없으며
모든 부처님이 호념하시고
천왕이 예경하며
밀적금강이
항상 모시고 호위하도다.

이 지위의 공덕이
가없으니
천만억 겁 설하여도
다할 수 없으며
또 부처님께 공양올려
선근이 더욱 밝아지니
전륜왕 머리 위의
장엄거리와 같도다.

보살이
이 제8지에 머무름에
많이 범왕이 되어

천 세계의 주인 되며
삼승을 연설하여
다함이 없으니
자비 광명 널리 비추어
온갖 미혹을 없애도다.

한 생각에 얻은 바
모든 삼매가
백만 세계의
미세한 티끌 수와 같으며
모든 짓는 바 일이
모두 또한 그러하니

원력으로 나타내면
다시 이를 넘어서도다.

보살의
제8 부동지를
내가 그대들을 위하여
이미 간략히 설하였으니
만약 차례대로
널리 분별하려 한다면
억 겁을 지내도록
다할 수 없도다.

제9지

이 보살이
제8지를 설할 때
여래께서
큰 신통력을 나타내시어
시방의 모든 국토가
진동하니
한량없는 억수로
사의하기 어렵도다.

일체를 알고 보시는
위없는 존귀한 분께서
그 몸으로
큰 광명을 널리 놓으셔서
저 모든 한량없는
국토를 밝게 비추시어
다 중생들로 하여금
안락을 얻게 하시도다.

한량없는
백천억 보살들이
한꺼번에

허공에 솟아올라 머물러서
모든 하늘을 뛰어넘는
가장 미묘한 공양으로써
설하는 데 가장 수승한 분께
공양올리도다.

대자재왕과
자재천왕이
다 함께 같은 마음으로
기뻐함이 한량없어
각각 갖가지
온갖 공양거리로써

깊고 깊은 공덕바다에
공양올리도다.

다시 천만억
천녀들이
몸과 마음에 환희가
모두 가득하여서
각각 한량없는
종류의 음악을 연주하여
사람 가운데 대도사께
공양올리도다.

이때에 온갖 음악이
동시에 연주되어
백천만억으로
한량없이 다르니
모두 선서의
위신력으로
미묘한 음성을 내어서
찬탄하도다.

"적정하고 조화로우며
때와 해로움 없어
들어가는 지위를 따라

잘 닦아 익히며
마음이 허공과 같아
시방에 나아가서
불도를 널리 설하여
중생들을 깨우치도다.

천상과 인간의
일체 처소에
같음 없는 미묘한 장엄을
다 나타내니
여래의 공덕으로부터
생겨나는 것으로

보는 이들이 부처님의 지혜를
즐기게 하도다.

한 세계를 떠나지 않고
온갖 국토에 나아가니
달이 널리 나타나
세간을 비추는 것 같으며
음성에 생각이
모두 다 없으니
골짜기 메아리가
응하지 않음이 없는 것 같도다.

만약 어떤 중생의
마음이 하열하면
그를 위해
성문의 행을 연설하고
만약 마음이 밝고 예리하여
벽지불을 좋아하면
그를 위해
중승의 길을 설하도다.

만약 자비가 있어
요익하기를 즐겨하면
위하여 보살이

행할 바를 설하고
만약 가장 수승한
지혜 마음이 있으면
여래의 위없는 법을
보이도다.

비유하면 마술사가
온갖 일을 지어냄에
갖가지 형상이
모두 진실이 아닌 것과 같이
보살의 지혜의 환술도
또한 이와 같아서

비록 일체를 나타내나
있고 없음을 여의도다."

이와 같이
아름다운 음성 천만 가지로
부처님을 노래로 찬탄하고서
잠자코 있자
해탈월이 말하였다.
"지금 대중들이 청정하니
원컨대 제9지의 행할 도를
설해주소서."

이때에 금강장 보살이 해탈월 보살에게 말씀하였다.

"불자여, 보살마하살이 이와 같은 한량없는 지혜로 사량하며 관찰하여 다시 더욱 수승한 적멸의 해탈을 구하고자, 다시 여래의 지혜를 닦아 익히며, 여래의 비밀한 법에 들어가며, 부사의한 큰 지혜의 성품을 관찰하며, 모든 다라니의 삼매문을 깨끗이 하며, 광대한 신통을 갖추며, 차별한 세계에 들어가며, 힘과 두려움 없음과 함께 하지 않는 법을 닦으며, 모든 부처님을 따라 법륜을 굴리며, 대비의 본래 원력을 버리지 아니하여 보살의 제9 선혜지에 들어가게 된다.

불자여, 보살마하살이 이 선혜지에 머물러서는 선과 불선과 무기의 법의 행과, 유루와 무루의 법의 행과, 세간과 출세간의 법의 행과, 사의와 부사의의 법의 행과, 결정하고 결정하지 않은 법의 행과, 성문과 독각의 법의 행과, 보살행의 법의 행과, 여래의 지위의 법의 행과, 유위의 법의 행과 무위의 법의 행을 사실대로 안다.

이 보살이 이와 같은 지혜로써 중생 마음의 빽빽한 숲과, 번뇌의 빽빽한 숲과, 업의 빽빽한 숲과, 근기의 빽빽한 숲과, 이해의 빽빽한 숲과, 성품의 빽빽한 숲과, 욕락의 빽빽한 숲과, 수면의 빽빽한 숲과, 태어남의 빽빽한 숲과, 습기가 서로 이어짐의 빽빽한 숲과, 세 갈래의 차별의 빽빽한 숲을 사실대로 안다.

이 보살이 중생 마음의 갖가지 모양을 사실대로 안다.

이른바 섞이어 일어나는 모양과, 빨리 구르는 모양과, 무너지고 무너지지 않는 모양과, 형태와 성질이 없는 모양과, 가없는 모양과, 청정한 모양과, 때와 때 없는 모양과, 얽매고 얽매지 않은 모양과, 환으로 지어진 모양과, 여러 갈래를 따라 태어나는 모양과, 이와 같이 백천만억 내지 한량없는 것을 모두 사실대로 안다.

또 모든 번뇌의 갖가지 모양을 안다.

이른바 오래도록 따라 행하는 모양과, 가없이 이끌어 일으키는 모양과, 함께 나서 버리지 못하는 모양과, 수면과 일어남이 한 뜻인 모양과, 마음과 상응하고 상응하지 않는 모양과, 갈래를 따라 태어나서 머무르는 모양과, 삼계의 차별한 모양과, 애욕과 견해와 어리석음과 교만이 화살처럼 근심 걱정에 깊이 들어가는 모양과, 세 가지 업의 인연이 끊어지지 않는 모양과, 간략히 설하여 내지 팔만 사천 가지를 모두 사실대로 안다.

또 모든 업의 갖가지 모양을 안다.
이른바 선과 불선과 무기의 모양과, 표시 있고 표시 없는 모양과, 마음과 함께 나서 여의지 않는 모양과, 원인의 자체 성품이 찰나에 무너지지만 차례로 결과를 모아 잃어버리지 않는 모양과, 과보가 있고 과보가 없는 모양과, 검고 검은 등의 온갖 과보를 받는 모양과, 밭과 같이 한량없는 모양과, 범부와 성인의 차별한 모양과, 현생에 받고 다음 생에 받고 나중에 받는 모양과, 승과 승 아닌 것의 결정되고 결정되지 않은 모양과, 간략히 설하여 내지 팔만 사천 가지를 모두 사실대로 안다.

또 모든 근기의 둔하고 중간이고

수승한 모양과, 과거와 미래의 차별하고 차별하지 않은 모양과, 상품과 중품과 하품의 모양과, 번뇌가 함께 생겨나서 서로 여의지 않는 모양과, 승과 승 아닌 것의 결정되고 결정되지 않은 모양과, 잘 성숙되어 부드러운 모양과, 근의 그물이 가벼이 변함에 따라 무너지는 모양과, 더욱 뛰어나 무너뜨릴 수 없는 모양과, 물러나고 물러나지 않음의 차별한 모양과, 오래도록 따라 함께 생겨났지만 같지 않은 모양을 알며, 간략히 설하여 내지 팔만 사천 가지를 모두 사실대로 안다.

또 모든 이해의 하품과 중품과 상품과, 모든 성품의 하품과 중품과 상품과, 욕락의 하품과 중품과 상품을 알며, 모두 간략히 설하여 내지 팔만 사천 가지이다.

또 모든 수면의 갖가지 모양을 안다.

이른바 깊은 마음과 함께 나는 모

양과, 마음과 함께 나지 않는 모양과, 마음과 상응하고 상응하지 않음의 차별한 모양과, 오래도록 따라 행하는 모양과, 비롯함 없이 뽑지 못한 모양이다.

일체 선정·해탈·삼매·삼마발저·신통과 더불어 서로 어긋나는 모양과, 삼계에서 상속하여 태어나며 얽매여 묶이는 모양이다.

가없는 마음이 상속하여 나타나 일어나게 하는 모양과, 모든 곳의 문을 여는 모양과, 견실하여 다스리기 어려운 모양과, 지위의 처소에서 성취하고 성취하지 못한 모양과, 오직 성인의 도로써 뽑아내는 모양이다.

또 태어나는 갖가지 모양을 안다.
이른바 업을 따라 태어나는 모양과, 여섯 갈래의 차별한 모양과, 색 있고 색 없음의 차별한 모양과, 생각 있고 생각 없음의 차별한 모양이다.
업이 밭이 되고 애욕의 물이 적시며 무명의 어두움이 덮고 식이 종자가 되어 다음 존재의 싹을 내는 모양과, 이름과 물질이 함께 나서 서로 여의지 않는 모양과, 어리석음과 애욕으로 계속 존재하기를 희구하는 모양과, 받고자 하고 태어나고자 하여 비롯함 없이 좋아하며 집착하는 모양과, 망령되이 삼계에서 벗어났다라 하고 탐하고 구하는 모양이다.

또 습기의 갖가지 모양을 안다.
이른바 행하고 행하지 않음의 차별한 모양과, 갈래를 따라 훈습하는 모양과, 중생의 행을 따라 훈습하는 모양과, 업과 번뇌를 따라 훈습하는 모양과, 선과 불선과 무기의 훈습하는 모양이다.

다음 존재에 들어감에 따라 훈습하는 모양과, 차례로 훈습하는 모양과, 번뇌를 끊지 않고 멀리 행하여 버리지 않고 훈습하는 모양과, 진실과 진실하지 않음의 훈습하는 모양과, 성문과 독각과 보살과 여래를 보고 듣고 친근하여 훈습하는 모양이다.

또 중생이 바르게 정해지고 삿되게 정해지고 정해지지 않은 모양을 안다.

이른바 바른 견해로 바르게 정해진 모양과, 삿된 견해로 삿되게 정해진 모양과, 둘 다 정해지지 않은 모양이다.

다섯 가지 어김으로 삿되게 정해진 모양과, 다섯 가지 근으로 바르게 정해진 모양과, 둘 다 정해지지 않은 모양이다.

여덟 가지 삿됨으로 삿되게 정해

진 모양과, 바른 성품으로 바르게 정해진 모양과, 다시 둘 다 짓지 않고 여의어 정해지지 않은 모양이다.

삿된 법에 깊이 집착하여 삿되게 정해진 모양과, 성인의 도를 익히고 행하여 바르게 정해진 모양과, 둘 다 버려서 정해지지 않은 모양이다.

불자여, 보살이 이와 같은 지혜를 수순함을 이름하여 선혜지에 머무른다고 한다.

이 지위에 머무르고는 중생의 모든 행의 차별을 분명히 알아서 교화하고 조복하여 해탈을 얻게 한다.

불자여, 이 보살이 성문승의 법과 독각승의 법과 보살승의 법과 여래 지위의 법을 잘 능히 연설하며, 일체 행하는 곳에 지혜가 따라 행하는 까닭으로, 능히 중생의 근기와 성품과 욕망과 이해와 행하는 바에 다름이 있음과 모든 갈래가 차별함을 따르며, 또한 태어남의 번뇌와 수면의 얽매임과 모든 업의 습기를 따라서 법을 설하여, 믿고 이해하고 지혜를 증장하여 각각 그 승에서 해탈을 얻게 한다.

불자여, 보살이 이 선혜지에 머무름에 큰 법사가 되고 법사의 행을 갖추어서 여래의 법장을 잘 수호하되, 한량없는 공교한 지혜로 네 가지 걸림 없는 변재를 일으키고 보살의 말을 사용하여 법을 연설한다.

이 보살이 항상 네 가지 걸림 없는

지혜를 따라서 연설하고 잠깐도 버리지 아니한다. 무엇이 넷인가?

이른바 법에 걸림 없는 지혜와, 뜻에 걸림 없는 지혜와, 말에 걸림 없는 지혜와, 말하기를 좋아함에 걸림 없는 지혜이다.

이 보살이 법에 걸림 없는 지혜로는 모든 법의 제 모양을 알며, 뜻에 걸림 없는 지혜로는 모든 법의 차별한 모양을 알며, 말에 걸림 없는 지혜로는 그릇됨이 없이 설하며, 말하기를 좋아함에 걸림 없는 지혜로는 끊어져 다함이 없이 설한다.

다시 또 법에 걸림 없는 지혜로는 모든 법의 제 성품을 알며, 뜻에 걸림 없는 지혜로는 모든 법의 생멸을 알며, 말에 걸림 없는 지혜로는 일체 법을 안립하여 끊어지지 않게 설하며, 말하기를 좋아함에 걸림 없는 지혜로는 안립함을 따라 파괴할 수 없고 가없이 설한다.

다시 또 법에 걸림 없는 지혜로는 현재의 법의 차별을 알며, 뜻에 걸림 없는 지혜로는 과거와 미래의 법의 차별을 알며, 말에 걸림 없는 지혜로는 과거와 미래와 지금의 법을 그릇됨 없이 설하며, 말하기를 좋아함에 걸림 없는 지혜로는 낱낱 세상에서 가없는 법을 분명하게 설한다.

다시 또 법에 걸림 없는 지혜로는 법의 차별을 알며, 뜻에 걸림 없는 지혜로는 뜻의 차별을 알며, 말에 걸림 없는 지혜로는 그 말을 따라 설하며, 말하기를 좋아함에 걸림 없는 지혜로는 그 마음에 좋아함을 따라 설한다.

　다시 또 법에 걸림 없는 지혜로는 법의 지혜로 차별이 다르지 않음을 알며, 뜻에 걸림 없는 지혜로는 견주는 지혜로 차별이 실상과 같음을 알며, 말에 걸림 없는 지혜로는 세상의 지혜로 차별하게 설하며, 말하기를 좋아함에 걸림 없는 지혜로는 제일의의 지혜로 공교하게 설한다.

　다시 또 법에 걸림 없는 지혜로는 모든 법이 한 모양이어서 무너지지 않음을 알며, 뜻에 걸림 없는 지혜로는 온과 계와 처와 제와 연기의 교묘함을 알며, 말에 걸림 없는 지혜로는 일체 세간에서 알기 쉽고 미묘한 음성과 문자로 설하며, 말하기를 좋아함에 걸림 없는 지혜로는 더욱 수승하고 가없는 법의 광명으로 설한다.

다시 또 법에 걸림 없는 지혜로는 일승의 평등한 성품을 알며, 뜻에 걸림 없는 지혜로는 모든 승의 차별한 성품을 알며, 말에 걸림 없는 지혜로는 일체 승의 차별 없음을 설하며, 말하기를 좋아함에 걸림 없는 지혜로는 낱낱 승의 가없는 법을 설한다.

다시 또 법에 걸림 없는 지혜로는 일체 보살의 행인 지혜의 행과 법의 행을 지혜로 따라 증득함을 알며, 뜻에 걸림 없는 지혜로는 십지의 나누어진 지위의 뜻이 차별함을 알며, 말에 걸림 없는 지혜로는 십지의 도가 차별 없는 모양을 설하며, 말하기를 좋아함에 걸림 없는 지혜로는 낱낱 지위의 가없는 행의 모양을 설한다.

다시 또 법에 걸림 없는 지혜로는 일체 여래께서 한 생각에 바른 깨달음 이루심을 알며, 뜻에 걸림 없는 지혜로는 갖가지 때와 갖가지 곳 등이 각각 차별함을 알며, 말에 걸림 없는 지혜로는 바른 깨달음을 이루는 차별을 설하며, 말하기를 좋아함에 걸림 없는 지혜로는 낱낱 구절의 법을 한량없는 겁 동안 설하여도 다 하지 못한다.

다시 또 법에 걸림 없는 지혜로는 일체 여래의 말씀과 힘과 두려울 바 없음과 함께 하지 않는 부처님 법과 대자와 대비와 변재와 방편과 법륜

굴림과 일체지의 지혜로 따라 증득함을 알며, 뜻에 걸림 없는 지혜로는 여래께서 팔만 사천 중생들의 마음과 행과 근기와 이해를 따르시는 차별한 음성을 안다.

말에 걸림 없는 지혜로는 일체 중생의 행을 따라 여래의 음성으로써 차별하게 설하며, 말하기를 좋아함에 걸림 없는 지혜로는 중생의 믿음과 이해를 따라 여래의 지혜로써 청정한 행을 원만하게 설한다.

불자여, 보살이 제9지에 머무르면 이와 같은 공교하고 걸림 없는 지혜를 얻고 여래의 미묘한 법장을 얻어서 큰 법사가 된다.

뜻 다라니와 법 다라니와 지혜 다라니와 광명이 비치는 다라니와 선한 지혜 다라니와 온갖 재물 다라니와 위덕 다라니와 걸림 없는 문 다라니와 가없음 다라니와 갖가지 뜻의 다라니를 얻는다.

이와 같은 백만 아승지 다라니문을 모두 원만하게 하고, 백만 아승지의 공교한 음성과 변재의 문으로써 법을 연설한다.

　이 보살이 이와 같은 백만 아승지 다라니문을 얻고는, 한량없는 부처님 처소에서 일일이 부처님 앞에서 다 이와 같은 백만 아승지 다라니문으로 바른 법을 들으며, 듣고는 잊어버리지 않고 한량없이 차별한 문으로 다른 이를 위하여 연설한다.

　이 보살이 처음 부처님을 친견하고 머리를 조아려 예경하고 곧 부처님 처소에서 한량없는 법문을 얻는다. 이 얻은 바 법문은 저 듣고 지니기만 하는 모든 큰 성문들이 백천 겁에도 알 수 있는 것이 아니다.

 이 보살이 이와 같은 다라니와 이와 같은 걸림 없는 지혜를 얻고 법좌에 앉아서 법을 설하되 대천세계에 가득한 중생들에게 그 마음에 좋아함의 차별을 따라서 설한다. 오직 모든 부처님과 직위를 받은 보살들을 제외하고는 그 다른 대중들은 위덕과 광명이 더불어 비할 수가 없다.

이 보살이 법좌에 자리하여 한 음성으로써 모든 대중들이 모두 분명히 알게 하고자 하여 곧 분명히 알게 되며, 어떤 때에는 갖가지 음성으로써 모든 대중들이 다 깨닫게 하고자 한다.

어떤 때에는 마음으로 큰 광명을 놓아서 법문을 연설하고자 하며, 어떤 때에는 마음으로 그 몸의 낱낱 모공에서 모두 법의 음성을 펼치고자 하며, 어떤 때에는 마음으로 내지 삼천대천세계에 있는 바 일체 형상 있거나 형상 없는 물건에 모두 다 미묘한 법의 말소리를 내고자 한다.

어떤 때에는 마음으로 하나의 말소리를 내어서 법계에 두루하여 모두 분명히 알게 하고자 하며, 어떤 때에는 마음으로 일체 말소리가 모두 법의 소리를 지어 항상 머물러 없어지지 않게 하고자 하며, 어떤 때에는 마음으로 일체 세계의 퉁소와 피리와 종과 북과 그리고 노래와 일체 즐거운 소리가 모두 법의 소리를 펴게 하고자 한다.

어떤 때에는 마음으로 한 글자에 일체 법문 구절의 말소리가 차별함이 모두 다 구족케 하고자 하며, 어떤 때에는 말할 수 없이 한량없는 세계의 땅과 물과 불과 바람의 네 큰 덩어리에 있는 바 미세한 티끌이 낱낱 티끌 중에서 모두 다 말할 수 없는 법문을 연설케 하고자 한다.

이와 같이 생각하는 바 일체가 마음 따라 되지 않는 것이 없다.

불자여, 이 보살이 가령 삼천대천

세계에 있는 중생들이 모두 그 앞에 와서 낱낱이 모두 한량없는 말소리로 질문을 일으키되 낱낱 질문이 각각 같지 않더라도, 보살이 한 생각 사이에 다 받아들이고 이에 한 음성으로 널리 해석하여 마음에 좋아함을 따라서 각각 환희케 한다.

이와 같이 내지 말할 수 없는 세계에 있는 중생들이 한 찰나 사이에 낱낱이 다 한량없는 말소리로 질문을 일으키되 낱낱 질문이 각각 같지 않더라도, 보살이 한 생각 사이에 다 받아들이고 또한 한 음성으로 널리 해석하여 각각 마음에 좋아함을 따라서 환희케 한다.

내지 말할 수 없이 말할 수 없는 세계에 가득한 중생들에게도 보살이 모두 능히 그 마음에 좋아함을 따르며 근기를 따르고 이해를 따라서 법을 설하며, 부처님의 위신력을 받들어 광대하게 불사를 지어 널리 일체를 위하여 의지할 바가 된다.

불자여, 이 보살이 다시 더욱 정진

하여 지혜의 광명을 성취한다. 가령 한 털끝만 한 곳에 말할 수 없는 세계의 미세한 티끌 수의 모든 부처님 대중모임이 있고, 낱낱 대중모임에 말할 수 없는 세계의 미세한 티끌 수 중생들이 있으며, 낱낱 중생에 말할 수 없는 세계의 미세한 티끌 수의 성품과 욕락이 있으니, 저 모든 부처님이 그 성품과 욕락을 따라서 각각 법문을 주신다. 한 털끝만 한 곳에서와 같이 일체 법계의 처소에서 다 또한 이와 같다. 이와 같이 설해지는 한량없는 법문을 보살이 한 생각 사이에 다 능히 받아들여서 잊지 않는다.

불자여, 보살이 이 제9지에 머물러서는 밤낮으로 오로지 정근하고 다시 다른 생각이 없으며, 오직 부처님 경계에 들어가서 여래를 친근하며, 모든 보살들의 매우 깊은 해탈에 들어가서 항상 삼매에서 모든 부처님을 항상 친견하고 일찍이 떠난 적이 없다.

낱낱 겁에 한량없는 부처님과 한량없는 백 부처님과 한량없는 천 부처님과 내지 한량없는 백천억 나유타 부처님을 친견하고 공경하고 존중하며 받들어 섬기고 공양올린다.

모든 부처님 처소에서 갖가지로 질문하여 법을 설하는 다라니를 얻어 지닌 바 선근이 점점 더 밝고 깨끗해진다.

비유하면 진금을 공교하게 금 다루는 사람이 사용하여 보배 관을 만들어 전륜성왕이 그 머리를 장엄하면,

사천하 안의 일체 작은 왕과 모든 신민들의 모든 장엄거리가 더불어 같을 것이 없는 것과 같다.

이 제9지 보살의 선근도 또한 다시 이와 같아서 일체 성문과 벽지불과 그리고 아래 지위의 보살들이 가진 바 선근이 능히 더불어 같음이 없다.

불자여, 비유하면 이천 세계의 주인인 대범천왕이 몸으로 광명을 내면 이천 세계 가운데 깊고 먼 곳을 모두 능히 비추어서 그 어두움을 없애는 것과 같다.

이 지위의 보살이 지닌 선근도 또한 다시 이와 같아서 능히 광명을 내어 중생의 마음을 비추어 번뇌의 어두움을 모두 없애게 한다.

이 보살이 십바라밀 중에 역바라밀이 가장 수승하다. 다른 바라밀을 닦지 않는 것은 아니나, 다만 힘을 따르고 분한을 따를 뿐이다.

불자여, 이것이 보살마하살의 제9 선혜지를 간략히 설한 것이다. 만약 자세히 설한다면 한량없는 겁에도 또한 다할 수 없다.

불자여, 보살마하살이 이 지위에 머무름에 많이 이천 세계의 주인인 대범천왕이 되어 잘 능히 다스려서 자재하게 요익케 하며, 능히 일체 성문과 연각과 모든 보살들을 위하여 바라밀행을 분별하여 연설하며, 중생의 마음을 따라서 있는 바 질문이 능히 굽힐 자가 없으며, 보시하고 사랑스러운 말을 하고 이익하게 하는 행을 하고 일을 같이 한다.

이와 같은 일체 모든 짓는 바 업이 모두 부처님을 생각함을 여의지 아니하며, 내지 일체종과 일체지의 지혜 생각하기를 여의지 아니한다.

다시 이 생각을 하기를, '내가 마땅히 일체 중생들 가운데서 상수가 되며, 수승한 이가 되며, 내지 일체지의 지혜에 의지하는 자가 될 것이다.'라고 한다.

이 보살이 만약 부지런히 정진을 하면 한 생각 사이에 백만 아승지 국토의 미세한 티끌 수 삼매를 얻으며, 내지 백만 아승지 국토의 미세한 티끌 수 보살을 권속으로 삼음을 보인다.

　만약 보살의 수승한 원력으로 자재하게 나타내 보이면 이 수를 넘어서니, 내지 백천억 나유타 겁에도 세어서 알 수 없다."

　이때에 금강장 보살이 그 뜻을 거듭 펴려고 게송을 설하여 말씀하였다.

한량없는 지혜의 힘으로
잘 관찰하니
가장 높고 미묘하여
세상에서 알기 어려워
여래의 비밀한 곳에
널리 들어가
중생들에게 이익 주려
제9지에 들어가도다.

다라니와 삼매
모두 자재하고
큰 신통 얻어

온갖 세계에 들며
힘과 지혜와 두려움 없음과
함께 하지 않는 법과
원력과 비심으로
제9지에 들어가도다.

이 지위에 머물러
법장을 지니어
선과 불선과
무기를 알며
유루와 무루와
세간과 출세간과

사의와 부사의를
모두 잘 알도다.

법이 결정되었거나
결정되지 않았거나
삼승이 지을 바를
다 관찰하며
유위와 무위의
행의 차별을
이와 같이 알고서
세간에 들어가도다.

만약 모든 중생들의
마음을 알고자 하면
능히 지혜로써
사실대로 알지니
갖가지로 빨리 바뀌어
무너짐과 무너지지 않음과
바탕 없고 가없는 등의
온갖 모양들이다.

번뇌가 가없어
항상 함께 짝함과
수면과 일어남이 한 뜻임과

모든 갈래를 이어감과
업의 성질 갖가지로
각각 차별함과
인이 무너지고 과가 모임을
모두 능히 알도다.

모든 근기가 갖가지로
하품과 중품과 상품이고
과거와 미래 등이
한량없이 다르며
이해와 근성과 욕락도
또한 다시 그러하니

팔만 사천 가지를
알지 못함이 없도다.

중생은 미혹과 견해에
항상 따라 얽혀서
비롯함 없는 빽빽한 숲을
잘라 제거하지 못하니
뜻과 함께 하고
마음과 아울러 나면서
항상 서로 얽혀
끊지 못하도다.

다만 오직 망상일 뿐
실물이 아니며
마음을 여의지 않고
처소도 없으며
선정의 경계로 배척해야
이에 물러나니
금강의 도로 없애야
비로소 끝이 나리라.

여섯 갈래에 태어남이
각각 다르니
업의 밭에 애욕이 물 주고

무명이 덮으며
식이 종자 되고
명색의 싹으로
삼계가 비롯함 없이
항상 상속하도다.

미혹과 업과 마음의 습기로
여러 갈래에 태어나니
만약 이것을 여의면
다시 태어나지 않거늘
중생들이 모두
삼취 가운데 있어

혹은 견해에 빠지고
혹은 도를 행하도다.

이 지위에 머물러서
잘 관찰하여
그 마음에 좋아함과
근성과 이해를 따라
모두 걸림 없는
미묘한 변재로써
그 응하는 바대로
차별하게 설하도다.

법좌에 자리한 것이
사자와 같고
또한 소의 왕과
보배 산의 왕과 같으며
또 용왕이
빽빽한 구름을 펼쳐서
감로의 비를 내려
큰 바다에 가득함과 같도다.

법의 성품과
깊은 이치를 잘 알아
말에 수순하여

능히 연설하도다.
다라니가
백만 아승지이니
비유하면 큰 바다가
온갖 비를 받아들임과 같도다.

다라니와 삼매가
모두 청정하여
능히 한 생각에
많은 부처님을 친견하며
낱낱 부처님 처소에서
다 법을 듣고

다시 미묘한 음성으로
연설하도다.

만약
삼천대천세계에서
일체 모든 중생들을
교화하고자 하면
마치 구름이 널리 드리워
미치지 않음이 없듯이
그 근기와 욕망 따라
모두 기쁘게 하도다.

털 끝에 부처님 대중이
무수하고
중생들의 마음에 좋아함도
또한 끝이 없는데
그 마음에 모두 응하여
법문을 주시며
일체 법계도
다 이와 같도다.

보살이 부지런히
정진의 힘을 더하고
다시 공덕을 얻어

점점 더욱 수승해지니
이러한 모든 법문
들어 지니기를
대지가 일체 종자를
능히 지니는 것 같도다.

시방의 한량없는
모든 중생들이
모두 모임에
가까이 와서 앉아
일념으로 마음 따라
각각 질문하여도

한 소리로 널리 대하여
모두 만족케 하도다.

이 지위에 머무름에
법왕이 되어
근기 따라 가르쳐
인도하기에 게으름 없으며
밤낮으로 부처님 친견하여
일찍이 떠난 적 없어
깊은 적멸과 지혜와
해탈에 들어가도다.

모든 부처님께 공양올려
선행이 더욱 밝아지니
마치 전륜왕 정수리의
미묘한 보배 관과 같고
다시 중생들이
번뇌를 소멸하게 하니
비유하면 법왕이
광명을 널리 비추듯 하도다.

이 지위에 머물러서는
많이 대법왕이 되어
삼승의 법으로

중생을 교화하며
행한 바 선업으로
널리 이익되게 하여
내지 장차
일체지를 이루리라.

한 생각에 들어간
모든 삼매가
아승지 세계의
미세한 티끌 수이고
부처님 설법하심을
친견하는 것도 그러하며

원력으로 짓는 것은
다시 이를 넘어서도다.

이것이
제9 선혜지이니
큰 지혜 보살들이
행하는 곳이라
매우 깊고 미묘하여
보기 어렵거늘
내가 불자들을 위하여
연설하였도다.

〈대방광불화엄경 제38권〉

회향송

아차보현수승행
무변승복개회향
보원침익제중생
속왕무량광불찰

시방삼세일체불
제존보살마하살
마하반야바라밀

迴向頌

我此普賢殊勝行
無邊勝福皆迴向
普願沈溺諸眾生
速往無量光佛剎

十方三世一切佛
諸尊菩薩摩訶薩
摩訶般若波羅蜜

大方廣佛華嚴經 ─ 부록

· 대방광불화엄경 목차

· 간행사

대방광불화엄경
목차

⟨제1회⟩

제1권	제1품	세주묘엄품 [1]
제2권	제1품	세주묘엄품 [2]
제3권	제1품	세주묘엄품 [3]
제4권	제1품	세주묘엄품 [4]
제5권	제1품	세주묘엄품 [5]
제6권	제2품	여래현상품
제7권	제3품	보현삼매품
	제4품	세계성취품
제8권	제5품	화장세계품 [1]
제9권	제5품	화장세계품 [2]
제10권	제5품	화장세계품 [3]
제11권	제6품	비로자나품

⟨제2회⟩

제12권	제7품	여래명호품
	제8품	사성제품
제13권	제9품	광명각품
	제10품	보살문명품
제14권	제11품	정행품
	제12품	현수품 [1]
제15권	제12품	현수품 [2]

⟨제3회⟩

제16권	제13품	승수미산정품
	제14품	수미정상게찬품
	제15품	십주품
제17권	제16품	범행품
	제17품	초발심공덕품
제18권	제18품	명법품

〈제4회〉

제19권 제19품 승야마천궁품

　　　　제20품 야마궁중게찬품

　　　　제21품 십행품 [1]

제20권 제21품 십행품 [2]

제21권 제22품 십무진장품

〈제5회〉

제22권 제23품 승도솔천궁품

제23권 제24품 도솔궁중게찬품

　　　　제25품 십회향품 [1]

제24권 제25품 십회향품 [2]

제25권 제25품 십회향품 [3]

제26권 제25품 십회향품 [4]

제27권 제25품 십회향품 [5]

제28권 제25품 십회향품 [6]

제29권 제25품 십회향품 [7]

제30권 제25품 십회향품 [8]

제31권 제25품 십회향품 [9]

제32권 제25품 십회향품 [10]

제33권 제25품 십회향품 [11]

〈제6회〉

제34권 제26품 십지품 [1]

제35권 제26품 십지품 [2]

제36권 제26품 십지품 [3]

제37권 제26품 십지품 [4]

제38권 제26품 십지품 [5]

제39권 제26품 십지품 [6]

〈제7회〉

제40권 제27품 십정품 [1]

제41권 제27품 십정품 [2]

제42권 제27품 십정품 [3]

제43권 제27품 십정품 [4]

제44권 제28품 십통품

　　　　제29품 십인품

제45권 제30품 아승지품

　　　　제31품 수량품

　　　　제32품 제보살주처품

제46권 제33품 불부사의법품 [1]

제47권 제33품 불부사의법품 [2]

제48권	제34품 여래십신상해품			제63권	제39품	입법계품 [4]

제48권   제34품   여래십신상해품
         제35품   여래수호광명공덕품
제49권   제36품   보현행품
제50권   제37품   여래출현품 [1]
제51권   제37품   여래출현품 [2]
제52권   제37품   여래출현품 [3]

〈제8회〉

제53권   제38품   이세간품 [1]
제54권   제38품   이세간품 [2]
제55권   제38품   이세간품 [3]
제56권   제38품   이세간품 [4]
제57권   제38품   이세간품 [5]
제58권   제38품   이세간품 [6]
제59권   제38품   이세간품 [7]

〈제9회〉

제60권   제39품   입법계품 [1]
제61권   제39품   입법계품 [2]
제62권   제39품   입법계품 [3]
제63권   제39품   입법계품 [4]
제64권   제39품   입법계품 [5]
제65권   제39품   입법계품 [6]
제66권   제39품   입법계품 [7]
제67권   제39품   입법계품 [8]
제68권   제39품   입법계품 [9]
제69권   제39품   입법계품 [10]
제70권   제39품   입법계품 [11]
제71권   제39품   입법계품 [12]
제72권   제39품   입법계품 [13]
제73권   제39품   입법계품 [14]
제74권   제39품   입법계품 [15]
제75권   제39품   입법계품 [16]
제76권   제39품   입법계품 [17]
제77권   제39품   입법계품 [18]
제78권   제39품   입법계품 [19]
제79권   제39품   입법계품 [20]
제80권   제39품   입법계품 [21]

간 행 사

  귀의삼보 하옵고,

  『대방광불화엄경』의 수지 독송과 유통을 발원하면서 수미정사 불전연구원에서『독송본 한문·한글역 대방광불화엄경』과『사경본 한글역 대방광불화엄경』을 편찬하여 간행하게 되었습니다.

  『화엄경』은 우리나라에 전래된 이래 일찍부터 사경되고 주석·강설되어 왔으며 근현대에 이르러서는『화엄경』의 한글 번역과 연구도 부쩍 많이 이루어졌습니다. 그만큼『화엄경』이 우리 불자님들의 신행과 해탈에 큰 의지처가 되었던 것임을 알 수 있습니다.

  『화엄경』을 독송하고 사경하는 공덕은 설법 공덕과 함께 크게 강조되어 왔습니다. 그리하여 수미정사 불전연구원에서도『화엄경』(80권)을 독송하고 사경하는 데 도움이 되도록 한문 원문과 한글역을 함께 수록한 독송본과 한글역의 사경본『화엄경』간행불사를 발원하였습니다. 이『화엄경』간행불사에 뜻을 같이하여 적극 후원해주신 스님들과 재가 불자님들께 깊이 감사드립니다. 또한『화엄경』을 수지 독송할 수 있도록 경책의 모습으로 장엄해 주신 편집위원들과 담앤북스 출판사 관계자들께도 고마움을 표합니다.

  끝으로 이 불사의 원만 회향으로『화엄경』이 널리 유통되고, 온 법계에 부처님의 가피가 충만하시길 기원드립니다.

  나무 대방광불화엄경

불기 2564년 '부처님오신날'을 봉축하며
수미해주 합장

위태천신(동진보살)

수미해주 須彌海住

호거산 운문사에서 성관 스님을 은사로 출가, 석암 대화상을 계사로 사미니계 수계, 월하 전계사를 계사로 비구니계 수계, 계룡산 동학사 전문강원 졸업, 동국대학교 불교대학 및 동 대학원 졸업, 철학박사, 가산지관 대종사에게서 전강, 동국대학교 불교대학 교수, 동학승가대학 학장 및 화엄학림 학림장, 중앙승가대학교 법인이사 역임.
(현) 수미정사 주지, 동국대학교 명예교수.
저·역서로 『의상화엄사상사연구』, 『화엄의 세계』, 『정선 원효』, 『정선 화엄 1』, 『정선 지눌』, 『법계도기총수록』, 『해주스님의 법성게 강설』 등 다수.

사경본 한글역
대방광불화엄경 제38권

| 초판 1쇄 발행_ 2023년 10월 24일

| 엮은이_ 수미해주
| 엮은곳_ 수미정사 불전연구원
| 편집위원_ 해주 수정 경진 선초 정천 석도 박보람 최원섭
| 편집보_ 무이 무진 지욱 혜명

| 펴낸이_ 오세룡
| 펴낸곳_ 담앤북스
　　　　서울특별시 종로구 새문안로3길 23 경희궁의 아침 4단지 805호
　　　　대표전화 02)765-1251　전자우편 dhamenbooks@naver.com
　　　　출판등록 제300-2011-115호
| ISBN_ 979-11-6201-420-2　04220

이 책은 저작권 법에 따라 보호받는 저작물이므로 무단전재와 복제를 금합니다.
이 책 내용의 전부 또는 일부를 이용하려면 반드시 저작권자와 담앤북스의 서면 동의를 받아야 합니다.

정가 10,000원
ⓒ 수미해주 2023